CONSEIL D'ÉTAT.

DISCUSSION
DU PROJET
DE CODE CIVIL.

N.º 2.

SÉANCE du 6 Thermidor, an 9 de la République.

LE PREMIER CONSUL préside la séance.

Le C. PORTALIS présente la nouvelle rédaction du projet de loi arrêté à la dernière séance, concernant la publication, les effets et l'application des lois en général.

Le C. BOULAY propose de ne pas faire, des dispositions du projet, un projet de loi particulier, mais de les placer chacune dans les divers projets auxquels elles peuvent se rapporter. Les articles relatifs à la publication des lois seraient placés à la fin du Code civil.

Le C. RŒDERER observe que ces articles n'appartiennent pas spécialement à la législation civile; qu'ils tiennent au droit politique, et doivent être le sujet d'une loi particulière et indépendante.

Le C. TRONCHET pense que ce serait trop laisser durer les inconvéniens du mode actuel de publication, que de reléguer à la fin du Code civil les dispositions qui établiront un meilleur mode; qu'il importe même de publier, suivant le mode nouveau, les lois civiles qui vont être faites.

Le CONSUL CAMBACÉRÉS demande s'il est dans l'intention de la section de placer l'article qui défend aux juges d'interpréter les lois par voie de disposition générale et réglementaire.

A

Le C. RŒDERER observe que cette disposition réglant le pouvoir des juges, elle doit être la matière d'une loi séparée.

Le CONSUL CAMBACÉRÉS dit qu'en adoptant la proposition du C. *Boulay*, on se trouverait souvent embarrassé sur le classement des articles du Projet.

Le C. TRONCHET pense qu'on pourrait sans difficulté les placer dans le Code civil, qui sera comme le péristile de la législation française, lorsqu'elle sera partagée en un petit nombre de Codes.

Le CONSEIL, consulté, maintient la délibération par laquelle il avait, dans la précédente séance, réuni en un seul projet de loi, les articles relatifs à la publication, aux effets et à l'application des lois.

Le PREMIER CONSUL ordonne l'impression de la nouvelle rédaction présentée par le C. *Portalis*.

La question de savoir comment seront divisées les lois extraites du Projet de code civil, est mise en délibération.

Le CONSEIL arrête que l'on continuera de suivre les divisions indiquées par le Projet de code civil ; qu'il sera rédigé un projet de loi pour réunir en un seul corps les diverses lois qui seront décrétées, et pour donner à tous les articles du Code civil une série unique de numéros.

Le C. BOULAY présente à la discussion un *projet de loi sur les personnes qui jouissent des droits civils et sur celles qui n'en jouissent pas.*

Les articles I et II sont ainsi conçus :

Art. I.er « Toute personne née d'un Français et en
» France, jouit de tous les droits résultant de la loi
» civile française, à moins qu'il n'en ait perdu l'exercice
» par les causes ci-après expliquées.

Art. II. » Tout enfant né en pays étranger, d'un Français, est Français.

» Celui né en pays étranger, d'un Français qui avait
» abdiqué sa patrie, peut toujours recouvrer la qualité
» de Français, en faisant la déclaration qu'il entend faire
» son domicile en France.

» Cette déclaration doit être faite sur le registre de
» la commune où il vient s'établir. »

Le Consul Cambacérés demande si l'enfant né
d'une mère française et d'un père inconnu, jouira en
France des droits civils.

Le C. Tronchet répond que lorsque le père est
inconnu, l'enfant suit la condition de la mère. Cependant il trouve les deux articles incomplets : ils n'ont
pour objet que les enfans de Français nés en France ou
dans l'étranger ; il faut prononcer encore sur l'enfant né
en France d'un père étranger. La faveur de la population
a toujours fait regarder ces individus comme Français,
pourvu que par une déclaration ils exprimassent la volonté
de l'être.

Le C. Boulay ajoute qu'on peut d'autant moins
refuser les droits civils au fils de l'étranger, lorsqu'il
naît en France, que la Constitution lui donne les droits
politiques.

Le Premier Consul propose de rédiger ainsi :
« Tout individu né en France est Français. »

Le C. Tronchet observe que le fait de la naissance
sur le territoire français ne donne que l'aptitude d'acquérir la jouissance des droits civils ; mais cette jouissance ne doit appartenir qu'à celui qui déclare la vouloir
accepter.

Le C. Berlier , pour résoudre la difficulté du
Consul Cambacérés , propose la rédaction suivante :
« Toute personne née en France d'un père ou d'une
» même non étrangers , jouit &c. »

Le C. Tronchet insiste pour qu'on statue sur
l'enfant né en France d'un père étranger. Il observe qu'un
tel individu n'acquiert les droits politiques qu'à l'âge
de vingt-un ans ; qu'on ne peut laisser son état en suspens
jusqu'à cette époque ; qu'il est même possible qu'il ait
les droits civils , sans avoir les droits politiques.

Le Premier Consul demande quel inconvénient il
y aurait à le reconnaître pour Français sous le rapport
du droit civil. Il ne peut y avoir que de l'avantage à
étendre l'empire des lois civiles françaises : ainsi, au lieu

d'établir que l'individu né en France d'un père étranger, n'obtiendra les droits civils que lorsqu'il aura déclaré vouloir en jouir, on pourrait décider qu'il n'en est privé que lorsqu'il y renonce formellement.

Le C. TRONCHET dit que les rédacteurs du projet de loi se sont conformés aux anciennes maximes sur l'état civil des étrangers, pour ne rien préjuger en faveur des principes de l'Assemblée constituante, qui a admis tous les étrangers indistinctement à la jouissance des droits civils, sans aucune condition de réciprocité. Autrefois, cette dernière condition, même dans ce cas, ne permettait à l'étranger de recueillir des successions, qu'autant qu'il en faisait emploi dans l'étendue du territoire français.

Le C. RŒDERER dit qu'au 6 août 1789, l'Assemblée constituante trouva le droit d'aubaine presque universellement aboli. Cependant le fisc retenait un dixième des successions que recueillaient les étrangers ; c'était ce qu'on nommait *le droit de détraction*. L'Assemblée a aboli le droit d'aubaine, et même le droit de détraction, d'une manière générale et sans condition de réciprocité : alors la France s'est trouvée dans une position *singulière* à l'égard de plusieurs nations.

Par exemple, les Anglais, qui ont maintenu le droit d'aubaine, venaient recueillir des successions en France, et ne rendaient pas les successions qui s'ouvraient chez eux au profit des Français. Mais il ne s'agit pas encore de cette question ; elle se lie à l'article IV du projet. Ce que le Premier Consul propose, regarde les enfans nés en France d'un père étranger. La loi civile ne peut leur accorder moins que ne leur donne la loi politique pour l'intérêt de la population.

Le C. TRONCHET soutient qu'on ne peut donner au fils d'un étranger la qualité de Français sans qu'il l'accepte. Cette condition ne regarde pas le mineur, parce qu'il n'a pas de volonté ; mais elle doit être exigée du majeur.

Le PREMIER CONSUL dit que si les individus nés en France d'un père étranger, n'étaient pas considérés comme étant de plein droit Français, alors on ne pourrait soumettre à la conscription et aux autres charges publiques, les fils de ces étrangers qui se sont établis en grand nombre en France, où ils sont venus comme prisonniers, ou par suite des événemens de la guerre. Le Premier Consul pense qu'on ne doit envisager la question que sous le rapport de l'intérêt de la France. Si les individus nés en France d'un père étranger n'ont pas de biens, ils ont du moins l'esprit français, les habitudes françaises ; ils ont l'attachement que chacun a naturellement pour le pays qui l'a vu naître ; enfin ils portent les charges publiques. S'ils ont des biens, les successions qu'ils recueillent dans l'étranger arrivent en France ; celles qu'ils recueillent en France sont régies par les lois françaises : ainsi, sous tous les rapports, il y a de l'avantage à les admettre au rang des Français.

Le C. TRONCHET dit qu'en envisageant la question sous le rapport de l'utilité, on la réduit à ses vrais termes : mais, ajoute-t-il, il n'y a d'utilité réelle qu'autant que la France acquiert réellement l'étranger, et elle n'est sûre de l'acquérir que lorsqu'il a exprimé la volonté d'être Français : s'il s'y refuse, les bénéfices qu'il fait en France, les successions qu'il y recueille, tournent en entier au profit de la patrie de son père, à moins qu'il n'y ait une loi de réciprocité. Au reste, cet intérêt n'est relatif qu'aux biens meubles et aux produits de l'industrie ; car la succession et la disposition des immeubles sont toujours réglees par la loi du lieu où ils sont situés.

Le C. REGNIER ne croit pas qu'une déclaration d'intention soit, pour la France, une forte garantie, puisque l'étranger qui l'a faite pourrait néanmoins abandonner ensuite la France.

Le C. TRONCHET répond que si l'enfant né d'un père étranger jouit des droits civils sans faire de déclaration et sans se fixer en France, on ne pourra lui refuser la succession qu'il ne viendra recueillir que pour l'emporter dans sa véritable patrie.

Le C. RŒDERER réduit la question à examiner si le plus grand nombre de ces fils d'étrangers se retirera dans la patrie de son père ou s'il restera en France. Il croit que le plus grand nombre restera.

Le C. TRONCHET pense que la condition de la résidence doit être formellement exigée.

Le C. DEFERMON propose de renvoyer à l'art. X la discussion des amendemens, et de déclarer cependant que tout individu né en France est Français.

Le C. TRONCHET répond que c'est ici le lieu de fixer tout ce qui concerne l'état de la personne.

Le C. PORTALIS dit qu'on sauverait beaucoup d'inconvéniens en ne permettant de tester qu'en faveur de Français résidant en France. La résidence est au surplus sans intérêt par rapport aux immeubles ; ils sont toujours régis par la loi territoriale.

Jusqu'à la majorité, l'enfant de l'étranger ne peut être suspect : si, à sa majorité, il se retire de France, le caractère passager qu'il tenait du hasard de la naissance s'efface ; l'enfant suit la condition de son père.

On peut donc conserver le principe que l'enfant né en France d'un père étranger est Français, et le modifier ensuite par des conditions.

Le PREMIER CONSUL met aux voix le principe. Il est adopté.

Le C. BOULAY présente la rédaction suivante :
« Toute personne née en France jouit des droits
» résultant de la loi civile française, à moins qu'il
» n'en ait perdu l'exercice par une des causes déter-
» minées ci-après.

Le C. REGNIER dit qu'il suffit de dire , « Tout
» individu né en France est Français » ; les conséquences sont suffisamment connues.

Le C. REGNAUD (de Saint-Jean-d'Angely) propose de rédiger ainsi : « Jouiront en France des droits civils,
» 1.° tous les Français, 2.° les étrangers dans les cas
» prévus par la loi. » On établirait ensuite, 1.° quels sont les individus qui sont Français, 2.° en quel cas l'étranger jouira du droit civil.

Le PREMIER CONSUL renvoie la rédaction à la section.

La discussion de l'article II est ouverte.

Le C. REGNAUD (de Saint - Jean - d'Angely) demande si l'individu né en pays étranger , d'une mère non mariée, est Français.

Le C. TRONCHET répond que tout enfant né hors mariage suit la condition de sa mère.

Le CONSUL CAMBACÉRÉS dit que la difficulté

n'existe que pour l'enfant d'un père français non marié ; elle tombe sur la preuve de la paternité. Les enfans nés hors mariage n'étant pas aussi favorisés chez les autres nations qu'en France, on ne trouve nulle part de règles sur la manière dont ils doivent prouver leur filiation ; et il est impossible au père de remplir dans l'étranger les formalités exigées par les lois françaises.

Le C. TRONCHET répond qu'il conviendra d'obliger le père à remplir en France les formalités qu'il ne peut remplir en pays étranger.

Le C. DUCHÂTEL attaque la seconde partie de l'article ; il s'oppose à ce que le fils d'un Français qui a abdiqué sa patrie, soit considéré comme Français.

Le C. REGNAUD (de Saint-Jean-d'Angely) appuie cette opinion ; il dit que la volonté du père décide de l'état du fils.

Le C. DEFERMON adopte le principe de la section. Il lui paraît favoriser la population.

Le C. BOULAY observe que la question a été décidée par l'Assemblée constituante, à l'occasion des religionnaires fugitifs.

Le C. REGNAUD (de Saint-Jean-d'Angely) répond que les religionnaires n'avaient pas abdiqué la qualité de Français, mais qu'ils avaient été forcés de s'expatrier. Il n'en est pas de même, continue-t-il, des Français qui ont librement adopté une patrie nouvelle, qui, peut-être, n'ont quitté la France qu'en haine de son régime, qui ont accepté des fonctions chez les puissances ennemies. On ne pourrait, sans inconvénient, permettre à leurs fils de reprendre le caractère de Français, et de venir en France recueillir des successions.

Le C. TRONCHET dit que quand on s'occupe de lois civiles, de lois qui sont pour tous les temps, il faut se placer à une grande distance des circonstances où l'on se trouve. La faveur de l'origine doit l'emporter sur toute autre considération. Ce principe est celui de l'Europe entière. Au surplus, il faut ne lui donner ses effets en France qu'autant que l'individu par lequel elle est invoquée est fidèle à la promesse d'établir son domicile sur le territoire français.

Le C. REGNAUD (de Saint-Jean-d'Angely) dit qu'un

père, devenu étranger, communique cette qualité à l'enfant né depuis son expatriation. Si cet enfant attache du prix à la qualité de Français, il peut l'acquérir par les moyens de naturalisation que la Constitution établit.

Le C. RŒDERER dit que lorsque la France sera parvenue au degré de prospérité qui l'attend, beaucoup d'étrangers voudront s'associer à ses destinées, et que ce desir s'emparera sur-tout des individus qui en sont originaires ; que l'intérêt de la population fera accueillir favorablement ceux qui n'ont jamais appartenu à la France ; qu'à plus forte raison devra-t-on faciliter le retour des enfans des Français expatriés. Qu'on ne craigne pas la rentrée des enfans d'émigrés ; elle ramenera les biens qu'avaient emportés leurs pères.

Le C. CRETET dit que cette discussion serait moins embarrassée, si l'on se fixait d'abord sur la différence qui existera par rapport aux droits civils entre un Français et un étranger ; car dans le cas où l'on accorderait aux étrangers la même faveur que leur avait accordée l'Assemblée constituante, en les appelant à succéder comme les Français, la question qu'on agite perdrait tout son intérêt.

Le C. CRETET demande qu'on discute l'article IV, qui est ainsi conçu : « L'étranger jouit en France des » mêmes droits civils que ceux accordés aux Français » par la nation à laquelle cet étranger appartient. »

Le C. TRONCHET adopte cet ordre de discussion. Il propose d'opter d'abord entre le système de l'Assemblée constituante et le système de n'admettre les étrangers à succéder que sous la condition de la réciprocité.

Le C. RŒDERER demande qu'on conserve l'article IV du projet : il répare l'erreur dans laquelle est tombée l'Assemblée constituante.

Le C. DEFERMON observe que les principes abolis par l'Assemblée constituante, seraient plus rigoureux sous une constitution qui limite les pouvoirs du Gouvernement que sous la monarchie, attendu que le roi pouvait modifier à son gré l'usage du droit d'aubaine, et que quelquefois même il en faisait remise.

Le PREMIER CONSUL demande quelle était la situation des choses avant le changement introduit par l'Assemblée constituante.

Le C. TRONCHET dit que l'Assemblée constituante a trouvé le droit d'aubaine aboli, ou plutôt modifié, à l'égard d'une grande partie des puissances de l'Europe : ces changemens étaient tous l'effet de traités particuliers, plus ou moins étendus. Néanmoins ceux des étrangers qu'ils favorisaient, ne jouissaient pas d'une successibilité complète : ils excluaient seulement le fisc, parce qu'il ne pouvait faire valoir contre eux le droit d'aubaine; ils n'excluaient pas leurs parens français, et ne concouraient pas même avec eux, s'ils se trouvaient au même degré, parce qu'ils n'avaient pas la capacité active de succéder : c'est cette capacité que l'Assemblée constituante leur a donnée à tous, sans distinction, et indépendamment des traités. Il s'agit aujourd'hui de savoir si l'on s'en tiendra au droit établi par l'Assemblée constituante, ou si l'on rentrera dans les traités antérieurs à son décret; traités qui établissent la réciprocité en faveur des Français, et qu'on peut réformer, étendre ou modifier par de nouvelles négociations. Ces traités portent même, presque tous, que l'exemption du droit d'aubaine cessera à l'égard des nations chez lesquelles cesserait la réciprocité stipulée pour les Français. L'article en discussion ne change rien aux rapports établis, par le droit diplomatique, entre les Français et les autres peuples ; il rend, au contraire, un libre cours aux traités.

Le PREMIER CONSUL dit qu'on pourrait rédiger ainsi : « Les droits civils dont les étrangers jouissent en » France, sont réglés par le droit diplomatique. »

Le C. TRONCHET propose la rédaction suivante : « L'étranger jouit en France des droits civils qui sont » stipulés par les traités. »

Le CONSEIL adopte le principe de l'article. Les diverses rédactions proposées sont renvoyées à la section de législation.

Le PREMIER CONSUL charge le C. *Rœderer* de lui présenter le tableau des rapports que les traités ont établis entre la France et les autres nations, en ce qui concerne les droits civils.

L'article V est adopté. Il est ainsi conçu :
» L'étrangère qui aura épousé un Français, suivra la » condition de son mari. »

La discussion est ouverte sur l'article VI, lequel est ainsi rédigé :

« L'étranger qui aura fait la déclaration de vouloir se
» fixer en France pour y devenir *citoyen*, et qui y aura
» résidé un an depuis cette déclaration, y jouira de la
» plénitude des droits civils. »

Le PREMIER CONSUL dit qu'il conviendrait de le rédiger ainsi : « L'étranger *qui aura été admis* à faire la
» déclaration qu'il veut se fixer &c. »

Il demande si l'admission donnera aussitôt à l'étranger le droit de succéder.

Le C. EMMERY répond que c'est dans l'intention d'empêcher cette successibilité prématurée, que la section propose d'assujettir l'étranger à une année de stage politique. Les successions ouvertes après ce stage lui appartiendraient ; il ne recueillerait pas celles qui s'ouvriraient avant l'expiration de l'année.

Le C. TRONCHET propose d'ajouter, *et qui continuera de résider*.

L'article est adopté sauf rédaction.

L'article VII est adopté. Il est ainsi conçu :

« L'étranger, même non résidant en France, est sou-
» mis aux lois françaises pour les immeubles qu'il y
» possède ; il y est personnellement soumis, pendant sa
» résidence ou son séjour, à toutes les lois de police
» et de sûreté. »

L'article VIII porte : « L'étranger, même non rési-
» dant en France, peut être cité devant les tribunaux
» français pour l'exécution des obligations par lui con-
» tractées en France avec un Français ; et s'il est trouvé
» en France, il peut être traduit devant les tribunaux
» de France, même pour des obligations contractées par
» lui en pays étrangers envers des Français. »

Cet article est soumis à la discussion.

Le CONSUL CAMBACÉRÉS dit qu'il est nécessaire d'ajouter à cet article une disposition pour les étrangers qui ayant procès entre eux, consentent à plaider devant un tribunal français ; que si l'on veut laisser subsister la caution *judicatum solvi*, il est également nécessaire de s'en expliquer formellement.

Le C. TRONCHET observe que la disposition sur la caution trouvera sa place dans le Code de la procédure civile ; que jusqu'à ce qu'il soit décrété, la matière sera régie par les lois anciennes.

Le CONSUL CAMBACÉRÉS dit qu'un article placé à la fin du projet de Code, fait cesser l'effet des anciennes lois ; qu'il y aurait donc du danger pour les Français, de remettre à un temps plus éloigné à leur donner les sûretés résultant de la caution *judicatum solvi*.

Le C. BOULAY propose de rejeter à l'article suivant, la disposition sur la caution que devra fournir l'étranger, ou d'en faire la matière d'un nouvel article.

Le C. PORTALIS dit que cette caution n'était pas exigée dans les contestations pour fait de commerce.

Le C. MALEVILLE ajoute qu'elle n'était pas exigée de l'étranger qui avait des immeubles en France.

Le C. REGNAUD (de S.ᵗ-Jean-d'Angely) propose de dire que les immeubles d'un étranger pourront lui servir de caution.

Le C. DEFERMON rappelle la seconde exception proposée par le Consul *Cambacérés*, pour les étrangers qui, ayant procès l'un contre l'autre, consentent à plaider devant un tribunal français : il considère ce consentement comme établissant un arbitrage qui doit avoir son effet.

Il demande si un étranger peut traduire devant un tribunal français un autre étranger qui a contracté envers lui une dette payable en France.

Le C. TRONCHET répond que le principe général est que le demandeur doit porter son action devant le juge du défendeur ; que cependant, dans l'hypothèse proposée, le tribunal aurait le droit de juger, si sa juridiction n'était pas déclinée.

Le C. DEFERMON observe que ce serait éloigner les étrangers des foires françaises, que de leur refuser le secours des tribunaux pour exercer leurs droits sur les marchandises des étrangers avec lesquels ils ont traité.

Le C. RÉAL répond que, dans ce cas, les tribunaux de commerce prononcent.

Le C. TRONCHET ajoute que la nature des obligations contractées en foire, ôte à l'étranger défendeur le droit de décliner la juridiction des tribunaux français. Mais l'article en discussion ne préjuge rien contre ce principe : il est tout positif ; on ne peut donc en tirer une conséquence négative. Il ne statue que sur la manière de décider les contestations entre un Français et un étranger, et ne s'occupe pas des procès entre étrangers.

L'article est mis aux voix, et adopté.

L'article IX est adopté. Il est ainsi conçu :

« Le Français résidant en pays étranger, continuera
» d'être soumis aux lois françaises pour ses biens situés
» en France, et pour tout ce qui touche à son état et
» à la capacité de sa personne. »

L'article X est présenté à la discussion. Il est ainsi rédigé :

« Un Français peut être traduit devant un tribunal
» de France pour l'exécution d'actes consentis en pays
» étranger. »

Le C. RŒDERER propose d'ajouter, *avec des étrangers*.

Le C. DEFERMON craint que l'article proposé ne favorise les fraudes de ceux qui, pour échapper au droit d'enregistrement, passeraient leurs actes chez l'étranger.

Le C. EMMERY répond que ces sortes de fraudes sont impossibles, parce que les actes passés dans l'étranger n'ont en France que le caractère d'actes sous seing privé, et ne peuvent y devenir authentiques que par l'enregistrement.

Le C. TRONCHET ajoute que d'ailleurs les formes établies au titre *des donations et des testamens* préviennent de semblables fraudes ; qu'enfin l'article ne se rapporte qu'au droit d'actionner, et non au mérite des actes qui forment la base des actions : mais pour le rendre plus précis, on peut substituer le mot *obligations* au mot *actes.*

L'article est adopté avec les deux amendemens qui suivent : 1.º l'addition de ces mots *avec des étrangers ;* 2.º la substitution du mot *obligations* au mot *actes.*

Le CONSEIL arrête en outre qu'il sera fait un nouvel

article à l'effet d'assujettir l'étranger demandeur à fournir caution de payer les frais et les dommages-intérêts auxquels il pourrait être condamné, à moins qu'il n'actionne pour obligations de commerce, ou qu'il ne possède en France suffisamment de biens immeubles pour répondre des condamnations.

L'article XI est soumis à la discussion. Il est ainsi conçu : « Les étrangers revêtus d'un caractère repré-
» sentatif de leur nation, en qualité d'ambassadeurs,
» de ministres, d'envoyés, ou sous quelque autre déno-
» mination que ce soit, ne seront point traduits, ni en
» matière civile ni en matière criminelle, devant les
» tribunaux de France.
» Il en sera de même des étrangers qui composeront
» leur famille, ou qui seront de leur suite. »

Après une légère discussion, l'article est retranché du projet comme étranger au droit civil, et appartenant au droit des gens.

La discussion de l'article XII est ouverte.
Cet article porte: « La qualité de *Français* se perdra
» par l'abdication qui en sera faite. Cette abdication
» devra être prouvée par des faits qui supposeront que
» le Français se sera établi en pays étranger, sans esprit
» de retour : elle résultera nécessairement, 1.° de la na-
» turalisation acquise en pays étranger ; 2.° de l'accep-
» tation non autorisée par le Gouvernement français, de
» fonctions publiques conférées par un Gouvernement
» étranger; 3.° de l'affiliation à *toute* corporation étran-
» gère, qui supposera des distinctions de naissance. »

Le PREMIER CONSUL propose d'ajouter, *ou de service militaire*, à ces mots, « de l'acceptation non autorisée par
» le Gouvernement français, de fonctions publiques. »

Le C. RŒDERER voudrait que, sans énoncer de cas particuliers, on se bornât à dire que la qualité de Français se perdra par l'établissement en pays étranger, sans esprit de retour.

Le C. BOULAY dit que l'article est fondé sur le principe général que les trois cas qu'il énonce ne doivent être considérés que comme des preuves, *juris et de jure*, lesquelles deviennent des certitudes; mais qu'elles n'excluent pas les preuves conjecturales qu'on peut tirer d'autres faits, s'ils sont tels qu'ils caractérisent l'expropriation.

Le C. BERLIER dit que c'est ici le lieu de placer une disposition pour expliquer comment l'individu né en France, d'un père étranger, perd la qualité de Français en y renonçant.

Le C. THIBAUDEAU répond que cette disposition est inutile, parce que l'enfant né en France, d'un père étranger, étant devenu Français, ne peut plus cesser de l'être que comme tout autre individu à qui cette qualité appartient.

L'article est adopté avec l'amendement proposé par le Premier Consul.

L'article XIII est présenté à la discussion; il est ainsi conçu : « Une femme française qui épousera un étranger, » suivra la condition de son mari.

» Lorsqu'elle sera devenue veuve, elle recouvrera la » qualité de Française, pourvu qu'elle réside en France, » ou qu'elle y rentre en faisant sa déclaration de vouloir » s'y fixer. »

Le PREMIER CONSUL demande si la femme devenue veuve pourra, en reprenant la qualité de Française, reprendre aussi les successions qu'elle aurait été appelée à recueillir pendant son mariage, dans le cas où elle n'aurait pas épousé un étranger.

Les CC. TRONCHET et BOULAY répondent que l'article lui ôte irrévocablement ces successions; qu'elle ne peut pas s'en plaindre, attendu qu'elle a renoncé spontanément à ses droits civils par le mariage qu'elle a contracté.

L'article est adopté.

Le C. PORTALIS demande qu'il soit fait un article additionnel pour conserver les droits civils à la femme française qui suit en pays étranger son mari français lorsqu'il s'expatrie.

Le C. TRONCHET dit qu'une telle exception donnerait lieu à des fraudes. Le mari expatrié et ses enfans profiteraient des biens de sa femme. Si l'on se décidait à admettre la proposition du C. *Portalis*, il faudrait du moins obliger la femme à donner caution qu'elle ne disposera de ses biens qu'en faveur de Français, et qu'elle rentrera en France dans le cas où elle deviendrait veuve.

Le C. REGNAUD (de Saint-Jean-d'Angely) pense que la question se trouve décidée par l'article XIII, qui vient d'être adopté.

Le C. BOULAY observe que le C. *Portalis* propose une exception à cet article.

Le PREMIER CONSUL dit qu'il y a une grande différence entre une Française qui épouse un étranger, et une Française qui, ayant épousé un Français, suit son mari lorsqu'il s'expatrie : la première, par son mariage, a renoncé à ses droits civils ; l'autre ne les perdrait que pour avoir fait son devoir.

La proposition du C. *Portalis* est ajournée.

L'article XIV est présenté à la discussion et adopté. Il est ainsi conçu : « Les condamnations à la peine de » mort, ou aux peines afflictives qui s'étendent à toute la » durée de la vie, seront les seules qui emporteront la » mort civile. »

Les articles XV et XVI sont discutés ; ils portent :
Art. XV. « La mort civile n'aura lieu que du jour » de l'exécution réelle ou par effigie du jugement.
Art. XVI. » En cas de contumace, la mort civile » n'aura lieu qu'après l'expiration du délai accordé pour » purger la contumace.
» Ce délai ne sera que de cinq ans. »

Le C. TRONCHET dit que l'article XVI suppose un contumax condamné et exécuté par effigie, et lui accorde un terme de cinq ans, pendant lesquels il peut faire tomber son jugement en se présentant aux tribunaux. Dans l'ancienne législation, un tel délai n'était pas exclusif : seulement, pendant sa durée, le contumax ne jouissait pas des droits civils ; mais à quelque époque qu'il se représentât, on recommençait la procédure ; et si le condamné était absous, le jugement avait un effet rétroactif : cependant on ne restituait pas les biens qui étaient échus pendant la contumace. La section propose de substituer à ce système, une suspension de la mort civile et des effets qu'elle a pu produire pendant cinq ans. Elle n'a pas considéré que la mort civile n'est pas une peine directe, mais seulement un effet et une conséquence de la peine capitale. Aux yeux de la loi civile, le mort civilement n'existe pas plus que celui qui a été privé de la vie naturelle : ainsi, vouloir qu'un homme contre lequel a été exécutée par effigie une peine qui entraînait la mort civile ne soit pas réputé mort par rapport aux droits civils, c'est vouloir qu'un mort soit regardé comme vivant. Ce n'est que par humanité qu'on admet le contumax à se représenter et à solliciter un jugement qui efface sa première condamnation. Mais la représentation n'est qu'une condition résolutoire ; elle n'a ses effets que lorsqu'elle s'accomplit ; elle ne change rien à ce qui a précédé ce moment : dès-lors il est impossible de supposer que la mort civile n'a pas existé.

D'un autre côté, la mort civile faisant cesser les droits civils, on ne peut laisser au condamné la portion de vie qui lui est nécessaire pour devenir successible, et pour le devenir au préjudice de parens honnêtes, lui contre lequel s'élève la présomption que produit sa condamnation.

Le C. BOULAY répond que la section a dû prendre pour guide la loi criminelle telle qu'elle existe aujourd'hui : cette loi ne frappe pas d'abord le condamné, d'une mort civile absolue, et telle qu'elle lui enlève tous ses droits ; mais d'une quasi-mort civile, qui ne lui imprime que quelques capacités. Ce système a été introduit en faveur de l'innocence : en effet, l'homme le moins coupable peut avoir de justes motifs de craindre les preventions ; il peut vouloir se mettre à l'écart pour apprendre, par la procédure, s'il doit se confier à l'impartialité de ses juges, ou redouter les manœuvres de ses ennemis.

La question, au surplus, n'a d'intérêt que pour les héritiers appelés, à défaut du condamné, à recueillir les successions qui peuvent s'ouvrir pendant le délai de cinq ans. C'est en leur faveur que la section propose de suspendre pendant un temps les effets de la mort civile, afin que leur sort ne dépende pas de l'hypothèse de la révocation du jugement.

Le CONSUL CAMBACÉRÉS dit que la section, dans son projet, suppose toujours que l'accusé est innocent et doit se représenter. Ce raisonnement repose sur une base souvent fausse : la présomption s'élève en faveur de la justice ; il faut croire que l'accusé fugitif a eu de puissans motifs de prendre ce parti.

Un délai n'est pas nécessaire à l'intérêt des enfans du condamné, puisqu'ils prennent directement les successions que leur père aurait recueillies s'il eût conservé ses droits civils.

Le PREMIER CONSUL dit que cette loi serait un scandale qui, en frappant un homme de mort civile, lui laisserait cependant la faculté de vendre, de donner, de disposer, dans l'espérance que des conjonctures favorables lui permettront, dans la suite, de se faire absoudre, et de valider ainsi ce qu'il aurait fait d'une manière illégale.

Le C. EMMERY observe que, dans le système du C. *Tronchet*, la propriété demeure incertaine : il n'est pas permis aux tribunaux de repousser un contumax qui se représente, même long-temps après le délai accordé pour purger la contumace.

Si donc il ne se représente que dix ans après sa condamnation, et qu'il soit absous, il reprend ses biens, et toutes les dispositions faites dans l'intervalle se trouvent rétroactivement annullées.

Le C. RŒDERER observe que l'absolution n'a cet effet que pendant le laps de cinq ans.

Le C. EMMERY continue, et ajoute que le système de la section fait cesser l'incertitude de la propriété, et, en abrégeant le délai, il prévient les inconvéniens d'une trop longue suspension ; que cependant il ne laisse pas la coutumace sans punition, puisqu'elle entraîne la perte des fruits.

Le CONSUL CAMBACÉRÉS dit que l'art. XVI, en suspendant la mort civile pendant cinq ans, contredirait l'article précédent, qui la déclare encourue du jour de l'exécution par effigie, quoique peut-être ces sortes d'exécutions, instituées pour faire connaître le jugement, ne devraient plus avoir lieu depuis que la procédure est publique, et qu'il serait convenable de donner au jugement tous ses effets aussitôt qu'il a été prononcé.

Au reste, la loi ne peut accorder une protection spéciale à un individu, précisément parce qu'il est condamné. Elle ne peut tolérer qu'il dispose au mépris de sa condamnation, ni prendre sous sa sauve-garde les actes qu'il fait, en lui ménageant la faculté de se présenter pour se faire absoudre lorsqu'il sait que les preuves de son crime ont péri. L'intérêt des enfans doit toucher, sans doute ; mais l'ordre public a aussi ses droits : et d'ailleurs l'intérêt des enfans est bien plus respecté dans le système du C. *Tronchet*, où ils succèdent, que dans le système de la section, où ils perdent les fruits pendant cinq ans.

Le C. REGNIER dit que toute condamnation par contumace est essentiellement conditionnelle.

Le C. TRONCHET répond qu'elle n'est modifiée que par une condition résolutoire, qui dépend ou de l'absolution du contumax, ou de sa mort pendant le délai de cinq ans.

Le C. BOULAY dit que si la section propose une suspension, ce n'est qu'afin de ne pas mettre sur la même ligne l'individu condamné sans retour, et l'individu qui peut revivre à la société.

Il ajoute qu'au surplus le système du C. *Tronchet* serait aussi suspensif à l'égard de divers effets civils : par exemple, il n'entraînerait pas la dissolution du mariage pendant les cinq années de délai.

Le C. TRONCHET dit que le contrat de mariage ne demeurerait en suspens que parce qu'au moment de sa condamnation il avait toute sa perfection.

Le CONSUL CAMBACÉRÈS dit que le jugement par contumace a les mêmes effets qu'un contrat modifié par une clause résolutoire. Un tel contrat s'exécute jusqu'à ce qu'il soit détruit. Il en doit être de même d'un jugement qui opère l'expropriation.

Le PREMIER CONSUL renvoie à la section les articles discutés, et la charge de présenter le tableau des conséquences de son système.

La Séance est levée.

À PARIS, DE L'IMPRIMERIE DE LA RÉPUBLIQUE.
Vendémiaire an X.